Dominikus Zimmermann: Lichtgestalt des Rokoko

Fotografien von Hans Engels
Texte von Axel Tilch
Herausgegeben vom Wessobrunner Kreis e.V.

Wessobrunner Kreis — Am 20. November 1998 trafen sich in Wessobrunn im Gasthof »Zur Post« unter dem berühmten Baldachin des ehemaligen Theatersaals des Klosters etwa 100 Architekten zur Gründungsversammlung des Wessobrunner Kreises. Er sollte ein Forum für alle sein, die an der Baukultur unseres Landschaftsraums teilhaben wollen, denn Baukultur betrifft alle Menschen, da sie Architektur, Städtebau, Landschaftsplanung, Verkehrsplanung, Kunst am Bau, Kunst im öffentlichen Raum und Public Design umfasst, und sie stützt sich natürlich auf die Geschichte und Tradition eines Landes oder einer Region.

Die Benediktinerabtei Wessobrunn als geistiges Zentrum war im 17. und 18. Jahrhundert der Motor für die Maler, Freskanten, Bildhauer, Kupferstecher, Stuckateure und Baumeister, die mit ihrer Kunst den ganzen süddeutschen Raum prägten. Es waren die Feichtmayr, Schmuzer, Finsterwalder, Gigl, Merck, Rauch, Schaidauf, Übelher, Zöpf und vor allem Johann Baptist und Dominikus Zimmermann, die einen einzigartigen Kulturraum geschaffen haben, der von Oberbayern bis Oberschwaben reicht. Wir haben allerdings keine Benediktiner mehr, die gewohnt sind, die Herrlichkeit der Schöpfung zu vollenden, deshalb wurde der Wessobrunner Kreis gegründet, um mit der Rückbesinnung auf diese Zeit der Verwahrlosung der Baukultur unserer Zeit zu begegnen.

Die Stadt Landsberg am Lech hat den Wessobrunner Kreis gebeten, zum 250. Todestag Dominikus Zimmermanns, der in der Stadt nicht nur gebaut hat, sondern ab 1734 Stadtrat und von 1748 bis 1753 Bürgermeister war, eine Ausstellung zu konzipieren, die diesem großartigen Menschen würdig ist. Der Wessobrunner Kreis hat die Aufgabe gerne übernommen, zumal er sich in Landsberg, nachdem er die historische Säulenhalle revitalisiert hat, über die Jahre mit Vorträgen und Ausstellungen über Architektur engagiert hat, und zum 250. Jahrestag der Weihung der Wieskirche Prof. Theo Wieland für einen Vortrag im alten Rathaus über diese einzigartige Kirche gewinnen konnte, mit dem Titel: » Die Poesie des Raumes, eine Synthese von Architektur, Skulptur und Farbigkeit, Natur, Raum und Licht.«

2018 könnte man den 333. Geburtstag von Dominikus Zimmermann feiern, vielleicht mit einem Feuerwerk aus Rokoko, um die Herrlichkeit der Schöpfung zu vollenden.

Dominikus Zimmermann wurde am 31.(!) Juni 1685 in Gaispoint geboren (erst 1853 erhielt der Ort die amtliche Erlaubnis, sich Wessobrunn zu nennen) und starb am 16. November 1766 in dem von ihm unterhalb der Wieskirche erbauten Wohnhaus. Der Taufbucheintrag des Wessobrunner Paters Marianus trägt das Datum »31. Juni«. Vielleicht war es diese Kuriosität, die schon zur Geburt die Einzigartigkeit eines Kindes ankündigte, das sich zu einem der berühmtesten Baumeister des Rokoko entwickeln würde, zu dem »Architect e Stuckador Landsbergiensis«.

Zusammen mit seinem Bruder, dem Maler und Stuckateur Johann Baptist Zimmermann schuf er solche Meisterwerke wie die Wallfahrtskirche Steinhausen und die Wieskirche bei Steingaden, sozusagen ein »dreamteam« des 18. Jahrhunderts. Seine Bauten zeigen was mit der Vorstellung »Das eine im anderen« gemeint ist: Jedes Projekt ist schon im nächsten angelegt, und das nächste im übernächsten. Am Ende dieser Kette steht die Wieskirche. Sie ist einer der magischsten Orte des Rokoko und lebt nur durch das Licht – man könnte von einer architektonischen Transsubstantion sprechen, der Verwandlung von Materie in gleißendes Licht.

Charles Moore beschreibt in seinem Buch »Body, Memory and Architecture« eindrucksvoll die Wirkung der Architektur auf die Gläubigen: »Wenn die Sonne während eines stundenlangen Gottesdienstes wandert, streift das Sonnenlicht die weißen und goldenen Feinheiten des Stucks, weist auf sie hin und hebt sie hervor, und lässt auf den Köpfen und Körpern der Heiligen, den wallenden Formen und dem goldenen Gewirr der Girlanden, Schatten zurück. Aber das faszinierendste im Licht sind die Pfeiler, eine Verbindung von rund und kantig, im Querschnitt ein Kreis mit hohlkehlenartig angesetzten Kanten, wobei der Schatten etwas Licht bekommt, so dass eine scharfe dunkle Linie die schattige Seite begrenzt oder umgekehrt eine leuchtende Linie die helle Seite des Pfeilers.

Das Licht erfüllt die Gläubigen, es hüllt jeden in eine heitere vergängliche Wärme und trennt sie vom Mysterium des dunkleren farbigen Hochaltars. Hier wird mit der Sonne das ganze Zauberwerk des barocken Theaters die Heilige Messe zelebriert.«

Die Ausstellung »Lichtgestalt des Rokoko« in Landsberg zeigt, wie Dominikus Zimmermann sich von Bauwerk zu Bauwerk in seinen Ausdrucksmöglichkeiten steigert und wie virtuos er am Ende mit dem Bau der Wieskirche das Licht in nie gekannter Weise als Gestaltungselement für den Innenraum einsetzt.

Annakapelle am Kreuzgang der Reichskartause
Neubau. Architektur, Stuck und Ausstattung,
Stuckaltar. Fresken und Altarbild: Johann Baptist Zimmermann.
1738–1740
Buxheim Landkreis Unterallgäu, Schwaben

» Putten haben ihre Wurzel nicht in der christlichen Kultur, sondern in der Antike, wo sie Liebesgötter wie Amor und Psyche darstellten. In der Renaissance mit der Wiedergeburt der Antike tauchen sie wieder auf. «

Der himmlische Kindergarten mit dem Jesuskind — Am Rokokohimmel der Annakapelle tummeln sich die Putten, spielen mit den goldenen Blumengirlanden und verstecken sich in den Wolken. Ernsthaft, mal verschmitzt, mal witzig, einmal jubilieren sie, sind schelmisch, dann wieder traurig und seriös, schlagen Purzelbäume und necken die anderen, pausbackig, mit Speckfalten an den Armen, Beinen und am Bauch, schweben sie frei im Raum, lassen sich auf den Wolken nieder und überall dort im Raum, wo es geht.

Putten haben ihre Wurzel nicht in der christlichen Kultur, sondern in der Antike, wo sie Liebesgötter wie Amor und Psyche darstellten. In der Renaissance mit der Wiedergeburt der Antike tauchen sie wieder auf. (Am bekanntesten sind die zwei Engel der Sixtinischen Madonna von Raffael.) Sie verkörpern eine unbekümmerte Jugend und Leichtigkeit, zaubern dem Betrachter ein Lächeln ins Gesicht und bringen eine positive Energie in den Raum. Auf den Voluten des Gesims sitzen vier Märtyrinnen: die heilige Babara mit dem Schwert in der Rechten und einem Kelch in der Linken, gegenüber die heilige Agatha mit abgeschnittenen Brüsten auf einem Tablett, die heilige Katharina mit Schwert und Rad, die heilige Ursula mit Märtyrerpalme und Pfeilen. Alle vier Frauen sind aufwändig und kostbar wie Königinnen gekleidet.

Stuckmarmor — *Stucco lustro* (ital. Polierter Stuck) ist eine der Techniken, mit denen man Kunstmarmor – also eine Nachahmung natürlichen Marmors oder eine Marmorierung nach gestalterischen Überlegungen – herstellen kann. Man unterscheidet zwei verschiedene Techniken: *Stucco lustro* meint reines Aufmalen der Marmorierung und *Scagliola* (ital. Alabastergips) beschreibt Kunstmarmor, der aus farbigem Gips angefertigt wird und in den intarsiert wird: Der Stuckmarmor wird wie bei Holz mit Einlegearbeiten versehen. Stuckmarmor gab es schon in der Antike, jedoch fällt seine Blütezeit in den Barock und das Rokoko. Die Herstellung von Stuckmarmor konnte teurer werden als echter Marmor. Dennoch wurde Stuckmarmor für manche Bauprojekte bevorzugt, da sich mit ihm Farb- und Musterspiele erzeugen lassen, die natürlicher Marmor nicht bietet (z. B. blauer Marmor mit ockergelben Äderungen). Ende des 19. Jahrhunderts ist Stuckmarmor aus der Mode gekommen.

» Stuckmarmor wurde für manche Bauprojekte bevorzugt, da sich mit ihm Farb- und Musterspiele erzeugen lassen, die natürlicher Marmor nicht bietet. «

Die Säule in Buxheim hat Dominikus Zimmermann mit einem Holzbock in feiner Intarsienarbeit signiert. Das Zeichen steht ironisch für den Namen *Zimerman* wie er damals geschrieben wurde: acht Beine für acht Buchstaben. Es sollte wohl wie ein Zauberspruch gegen den gefährlichsten Holzschädling wirken. Aber warum hat Zimmermann den Gemeinen Holzbock, eine Zecke, abgebildet und nicht den gefährlichen sechsbeinigen Holzbock?

Wallfahrtskirche »Zum gegeißelten Heiland«
Neubau. Architektur und Stuck. Chorfresko und Langhausfresko von Johann Baptist Zimmermann. 1745–1754
Wies bei Steingaden Landkreis Weilheim-Schongau, Oberbayern

> »Wie stellt man es an, dass ein Gebäude einen Standort beherrscht, dessen Ausmaße nichts mit ihm gemein haben?«

Das Flüstern des Ortes — Eine unbestechliche Persönlichkeit: die Landschaft mit den vier Himmelsrichtungen. Die Wieskirche lebt von ihrer Stellung in der Wiesen- und Waldlandschaft. Wie aber ist es möglich, dass ein Gebäude von einigen Kubikmetern Schwerpunkt einer Landschaft von Millionen Kubikmetern sein kann? Wie stellt man es an, dass ein Gebäude einen Standort beherrscht, dessen Ausmaße nichts mit ihm gemein haben? Es ist wohl die Dichte. Das Material, die physische Masse und die Anordnung der Formen lassen den Bau für das Auge und den Geist dichter erscheinen als ein Baum oder ein Hügel. Ohne diesen Schwerpunkt gibt es keine Architektur. Die körperliche Präsenz der Architektur macht sie unverrückbar, der Ort ist garantiert. Aber ohne den Ort, den einen, gibt es keine Architektur. Zur Einmaligkeit des Ortes – eine völlig freie Architektur. Kein anderes Programm als das Lesen der Messe, eine der ältesten menschlichen Handlungen.

Von Norden kommend empfängt den Pilger ein wohlmodellierter Baukörper aus Priesterhaus, Turm, Chor, ausgebauchtem Langhaus mit der plastischen Vorwölbung der Westfassade, die als Auftakt mit den Säulen, Baldachinen und dem in weichen Kurven verlaufenden Giebel eine Ahnung vom überwältigenden Innenraum gibt.

Close-up Westfassade — Das Hauptportal wird durch eine halbkreisförmige Vorwölbung der Westwand gebildet, als ein Ausschwingen vom Ovalraum des Langhauses. Die Poesie und Schönheit der Westfassade ist im Helldunkel, im Schattenspiel zu finden, das sich an den Säulen, dem Stuck des Hauptportals und dem Schattenriss des im Licht stehenden Ahornbaumes, vor der Kulisse der Trauchgauberge und dem Blau des Himmels entfaltet. Die Nahaufnahme der Westfassade verdeutlicht gleichfalls die Fernwirkung der Wies als eine Wallfahrtskirche.

Um die Bäume vor der Westfassade bestand lange ein zäh geführter und unsinniger Disput zwischen Landesamt für Denkmalpflege und Landbauamt Weilheim: » ... vor der mächtigen und schön durchgestalteten Fassade haben sich vier Bäume, zwei Ahorne und zwei Föhren, sehr hoch entwickelt. Ohne Zweifel stören sie den Maßstab der Fassade beträchtlich ... Außerdem ist die Fassade für Fernsicht, freistehend auf der Wiese, berechnet.« versus »Eine Entfernung der Baumbepflanzung dürfte nach unserer wohlüberlegten Meinung aus nachstehenden Gründen nicht empfehlenswert sein. Es sind höchst selten Besucher zu beobachten, die die Fassade von Westen her betrachten, da ja kein Weg von Westen her vorhanden ist ... eine Entfernung würde eine klaffende Lücke in das von Norden gesichtete Landschaftsbild bringen ... die Bäume sind eine überaus zweckmäßiger Schutz der Fassade ... weit über die Hälfte des Jahres gar nicht belaubt ... Lärchen (nicht Föhren!) ... « (zit. aus den Akten des Landbauamtes Weilheim)

» Vor der mächtigen und schön durchgestalteten Fassade haben sich vier Bäume sehr hoch entwickelt. Ohne Zweifel stören sie den Maßstab der Fassade beträchtlich. «

> »Die Gestalt eines Raumes verändert den Klang der Musik, das ist die Grundaussage der Raumakustik. Der Raum wirkt wie der Resonanzkörper eines Musikinstrumentes.«

Der Klang des Raumes — Jeder Raum funktioniert wie ein Instrument, er hat seine eigene »Stimme«. Das hat zu tun mit seiner Form und mit der Oberfläche der Materialien. Gebäude tönen immer, das ist der Unterschied zu einem schalltoten Raum. Die Gestalt eines Raumes verändert den Klang der Musik, das ist die Grundaussage der Raumakustik. Der Raum wirkt wie der Resonanzkörper eines Musikinstrumentes. Was muss man anstellen, damit der Raum schwingt? Was immer die Musik an Klang ausdrücken kann – Dynamik, Klangfarben, Tragfähigkeit und Kraft – es hängt mit der Resonanz des Raumes, seiner Energie, zusammen. Dominikus Zimmermann besetzt den Raum mit plastischen Gebilden, das Volumen ist einmal geschlossen, dann durchbrochen und dann wieder leer. Er hat der modernen Raumakustik unbewusst wichtige Gestaltungselemente hinterlassen und dem modernen Akustiker gezeigt, dass der Grundriss eines Raumes und die plastische Ausformungen verschiedener Art und Größe an den Wänden und der Decke grundlegend sind für die Schallzerstreuung und damit für die Diffusität des Raumklangs, für die Gleichmäßigkeit des Nachhallzeit, und dass Art und Form der Wände und der Brüstungen von Emporen sehr gut für die Schalllenkung verwendbar sind. Das macht die akustische Feinheit und Vielfalt der Wieskirche aus, und es kommt wohl nicht von ungefähr, dass zur gleichen Zeit die großartigen Geigenbaumeister des Barock und des Rokoko, wie Antonio Stradivari, Guarneri del Gesù, Domenico Montagnana oder der Mittenwalder Mathias Klotz, ihre berühmten Instrumente geschaffen haben.

Der Chor, Le Salon du Bon Dieu — Als Hyacinth Gassner, der Abt des Kloster Steingaden mit 53 Jahren am 28. März 1745 starb, – er hatte Dominikus Zimmermann noch mit dem Bau des Chores und dem angebauten Priesterhaus beauftragt – hatte es sein Nachfolger eilig, den Bau durchzuführen. Abt Marianus begann mit 8.000 Gulden, veranschlagt waren 39.000 Gulden und am Ende kostete alles 180.000 Gulden. Er gehört zu jenen Bauherren, deren Baulust und Bauleidenschaft die Größe eines Entwurfes erkennen und die alles daran setzen, ihn zu verwirklichen. Dafür setzen sie ihre ganze Kraft und ihr Leben ein. Wegen der Bauschulden, die das Kloster zu tragen hatte und die mit den Opfergeldern der Wallfahrt nicht bestritten werden konnten, wurde Abt Marian in die Resignation gezwungen, er musste abdanken. Aber ohne diesen Abt gäbe es die Wieskirche nicht!

Die Briefe des Abtes Marian vom 11. Juni, 19. Juli und 7. Dezember 1745 sind erhalten. Am 7. Dezember schreibt der Abt: »Indessen aber wie aus oballegiert beyligentem Ris zu entnehmen, so ist mit disen Kirchenpau der Antrag also gemacht, das wan dise Wahlfahrt wider Verhoffen in Abgang khommen unnd also der völligen Kirchenpau durch das fallente Opfer nit solte bestritten werdten khennen, nichts destoweniger der Chor alleinig, da selber vollständig ausgepauet sein würdt, eine Kirchen, ohne weithers etwas von Langhaus daranpauen zue derffen, abgeben, unnd also zu einer jedanoch proportionierten Kirchen hergestöhlt werdten khönte. Dessen mir dan der Paumaister Zimmermann von Landtsperg, als deme diser Kirchenpau sowohl ein- als andernfahls committiert ist, die Versicherung gegeben unnd seinen Antrag hierauff gemacht hat.«

» Es ist auffallend, wie gut Priesterhaus, Turm und Chor zusammen mit der Westfassade auch ohne das Haupthaus bestehen können. «

Die Aussage des Abtes wird bestätigt durch das Schreiben von Eusebius Amort an den Kanonikus Johann Bassi vom 20. September 1745: »Chorus novae Ecclesiae, qui se soloô, si claudatur, elegantem Capellam constituit, quod mirum, necdum iactô solenniter primô lapide probabiliter hoc etiamnum annô attinget fastigium. Error coepti sine consensu Episcopali operis tribuitur Abbati defunctor; non condonandus, nisi causâ Salvatoris flagellati, quem non decet luere culpam suorum Clientum, aut confidentiam temerariam.«

(»Der Chor der neuen Kirche, der allein, wenn er geschlossen würde, eine schöne Kapelle darstellt, wird – erstaunlicherweise – noch dieses Jahr wahrscheinlich den Giebel erreichen, obwohl noch keine feierliche Grundsteinlegung erfolgte. Der Fehler des Baubeginns ohne bischöfliche Genehmigung ist dem verstorbenen Abt anzulasten; er ist nicht zu entschuldigen, wenn nicht des Gegeißelten Heilands wegen, der nicht für die Schuld seiner Schützlinge büßen sollte, noch für ihre unbesonnene Dreistigkeit.«)

Gerüchte sagen, Zimmermann habe unterschrieben, dass der Chor auch allein einen guten Kirchenraum abgeben müsse, wenn die Wallfahrt abbräche. Am 7. Dezember 1745 schreibt Abt Marianus an den Kurfürsten: Es ist schon auffallend, wie gut Priesterhaus, Turm und Chor zusammen mit der Westfassade auch ohne das Haupthaus bestehen können. Der Chor wurde 1746 unter Dach gebracht; die Ausstattung war

1749 fertiggestellt, so dass das Gnadenbild am 31. August in die neue Kirche übertragen werden konnte.
Dazu Dr. Sixtus Lampl: »Der Ostchor ist in der Innengestaltung der Gipfelpunkt dessen, was an Auflösung der Architektur gestalterisch und technisch möglich war. Bislang konnte man Arkaden nur mittels gewölbter Bogen überspannen. Dominikus Zimmermann verwendete jedoch zwischen den Rundsäulen des Chorumgangs nach unten hängende Bögen, welche konstruktiv nicht mehr als Mauerwerk, sondern nur als Holzverbindung möglich waren. Solche Architekturformen konnte nur ein Architekt finden, der vom Stuckatorenhandwerk her gewohnt war, Architektur zu formen wie Stuck.«

Theatrum Sacrum: Die Inszenierung des Sakralen im Barock und Rokoko — Wer heute eine Rokokokirche betritt, steht in einem leeren Theaterraum. Es gibt das Parterre, Logenplätze, das Proszenium, die Bühne und das Bühnenbild. Der Chorbogen markiert – wie das Proszenium – die Grenze zwischen Zuschauerraum und Bühne. Der Chorraum wird zur Bühne für Chorherren, Geistliche und Ministranten. Im Hochaltar zeigt sich das jeweilige Bühnenbild der Kirche. Das Theater Kirche übernimmt das Prinzip der Guckkastenbühne: Der Blick der Zuschauer ist auf den heiligsten Raum der Kirche gerichtet, den Hochaltar. Die Liturgie mit theatralischen Inszenierungen und szenischen Oratorien auszuschmücken, wurde von den Jesuiten als Antwort auf die nackte Predigt der Protestanten betrieben. Sie entschieden sich, die Lust am

»Die Liturgie mit theatralischen Inszenierungen und szenischen Oratorien auszuschmücken, wurde von den Jesuiten als Antwort auf die nackte Predigt der Protestanten betrieben.«

Schauen zu nutzen und die Sinne und die Gefühle der Menschen anzusprechen, indem sie die christliche Heilsbotschaft als sinnenfreudiges Ereignis inszenierten.

»In den neu erbauten Kirchen findet man ihre Programme in der künstlerischen Ausstattung und sie unterstützten die Seelsorge durch glanzvolle Kirchenfeste, Prozessionen, Wallfahrten, Musiktheater und geistliche Dramenaufführungen. Vor allem das Theater, von den darstellenden Künsten bis zum Kulissenzauber, wurde von den Jesuiten als glaubensstärkendes Medium gefördert und eingesetzt«. (Eva von Seckendorff: Theatrum Sacrum – Theatralische Elemente in barocken Kirchenausstattungen, Regensburg 2000)

An den Hochfesten der katholischen Kirchen wurden Geschichten aus dem Alten Testament, Lebensgeschichten von berühmten Heiligen, Darstellung von Vorbildern und christlichen Tugenden, aber auch von unbelehrbaren Sündern aufgeführt. Das Spiel in der Kirche wurde zum festen Bestandteil der Liturgie und zog breite Teile der Bevölkerung an. Bei den Prozessionen übernahmen die Gläubigen die Rollenspiele und nahmen aktiv am Gottesdienst teil, sie waren gleichermaßen Darsteller und Zuschauer.

Der heilige Augustinus und das Licht — Dominikus Zimmermann hat die obligatorische Ostwestausrichtung im Kirchenbau für eine »Solararchitektur« benutzt, die heutigen nur auf Energieeffizienz ausgelegten Solarhäusern, eine andere Dimension von Sonne und Licht zeigt, nämlich »Das Licht als künstlerischer Werkstoff«. Durch den ovalen Grundriss und die gedoppelte Fassade aus innerer Pfeilerschale und äußerer Mauerschale mit hohen schmalen Rundbogenfenstern und darüber liegenden Oberfenstern, mit den Fensterlaibungen und den Freipfeilern als Reflektoren, setzt Dominikus Zimmermann im Ablauf eines Tages und je nach Jahreszeit ein Zauberwerk in Gang, das der flüchtige Besucher nur in einer Momentaufnahme, als etwas Zufälliges erlebt.

Carl Lamb hat sich als Kunsthistoriker, Filmemacher und Fotograf immer wieder mit diesem Phänomen der Wieskirche auseinandergesetzt, Stunden und Tage in der Kirche verbracht, und das Licht in einem Film fest gehalten mit dem Titel: »Räume im kreisenden Licht«. In seinem Buch »Die Wies«, München 1964, gibt es auch einen Ausschnitt aus dem Text »Lichtwirkungen im Ablauf eines Tages«:

»Während die Sonne weiter zum Ostpunkt aufsteigt, gehen die Strahlen aus dem linken Fenster des nördlichen Joches hinter dem benachbarten Pfeilerpaar vorbei und treffen auf dem Pfeilerpaar mit der

Figur des heiligen Augustinus dennoch vorn auf. Die dem Mauerrund folgende Fensteranordnung wirkt so auch in die schmale Zone des Umgangs hinein. Die Strahlen aus dem rechten, der Kanzel benachbarten Fenster gehen vor dem nahe gelegenen Pfeilerpaar vorbei in den Raum. Die doppelten Lichtbündel werden nun zu schmaleren Lichtfächern; sie werden unterbrochen, treten wieder hervor und folgen einander wie verschiedene Stimmen in der Musik.

> »Jede große klassische Architektur setzt, vielleicht weil sie auf dem Zyklus des Lichts basiert, die lineare Zeit außer Kraft, jene, die an unseren Handgelenken blinkt, die uns von der Giebelseite der Bahnhöfe herab zur Eile treibt. In dieser nicht gemessenen Zeit kann sich der Raum endlich entfalten.«
>
> Jean-Claude Vigato

Die Figuren der abendländischen Kirchenlehrer stehen auf vorspringenden Konsolen vor den Doppelpfeilern. Es gibt keine bergenden Nischen mehr wie in Vilgertshofen, und die Statuen sind viel tiefer angeordnet, dort, wohin der Lichtfächer trifft. Der Schnitzer dieser Figuren, der aus Tirol stammende, in Füssen ansässige Anton Sturm, muss mit der Art der Aufstellung aufs genaueste vertraut gewesen sein; denn sie sind ja auch auf die Hauptblickpunkte abgestimmt. Im zerstreuten Licht fügen sie sich mit ihrer Fassung von Glanzweiß und vergoldeten Einzelheiten der hellen Stimmung des Ganzen ein; trifft aber der erste Strahl der Sonne auf sie, so scheinen sie gleich Schauspielern, die bisher auf ihr Stichwort gewartet haben, vom Lichte hervorgerufen zu werden, bis ihre Rolle wieder zu Ende ist. Die Figur des heiligen Augustinus, aus dessen Herz die Flammen der Gottesliebe schlagen, wirkt durch das betonte Herauswenden des Kopfes im Verhältnis zu der breit ausladenden Vorderansicht der Gestalt, auch durch die Gegenwendung des rechten Fußes und das nobel-lässige, etwas gespreizte Heraushalten des Bischofsstabes fast manieriert. Es scheint, als ob eine mehr dekorative Bewegtheit die Figur bestimme. Plötzlich betont das Licht die Hand, die das aufgeschlagene Buch sinken lässt. Der Heilige hat eben noch darin gelesen; aber nun braucht er es nicht mehr; in einer inneren Erleuchtung schaut er weit über das Buch hinweg ins Unendliche. Diese seelische Erregung wird erst zu vollen Anschauung gebracht, wenn nun das Licht auch die plastischen Formen des Kopfes belebt. Was zuvor manieriert erscheinen konnte, ist jetzt zu einem plastischen Motiv zusammengefasst, in dem das Thema, die plötzliche Vision, überzeugend sich manifestiert. Das unmittelbare Sonnenlicht ist es das dieser Figur zu solch ungeahnter Entladung ihres dynamischen Gehaltes erst verhilft. Eine solche Mitwirkung des gerichteten Lichtes war in verwandtem Sinne von der Barockmalerei seit Caravaggio, besonders in seinem Bild »Die Berufung des Matthäus«, oft genug angewendet worden. Bei allen Figuren der Kirchenlehrer wiederholt sich die Dramatisierung durch das Licht symmetrisch im Ablauf eines Tages.«

Katholische Pfarrkirche St. Peter und Paul
Neubau und Stuck. 1726–1728
Buxheim Landkreis Unterallgäu, Schwaben

Facies, facciata, façade, Fassade — Die meisten Besucher des Kartäuserklosters in Buxheim nehmen die Pfarrkirche St. Peter und Paul erst nach dem Klosterbesuch wahr, da sie abseits des Kartausenhofs liegt, nur mit einem Eck der Sakristei mit der Marienkapelle der Kartause verbunden. Die Besucher betreten die Kirche vom Kirchplatz und spüren nicht, dass die Kirche an einer exponierten Stelle hoch über dem Illertal liegt – vom Tal aus sieht man eine Kirche, die wie eine Wallfahrtskirche auf Fernwirkung angelegt ist. Das kräftige, umlaufende Dachgesims trennt Giebel und Turm von der Fassade, als ob der obere Teil des Turmes und der Volutengiebel ihr eigenes Spiel inszenieren dürften. Über das Gesims hinweg spielen der dreigliedrige Giebel und die darunterliegende Fassade jedoch wieder zusammen. Die Voluten des Giebels gehen über in das fließende, gewellte Lisenenband unter dem Gesims, das wie geraffte Vorhänge über den dreigeteilten Ohrenfenstern und schlanken Rundbogenfenstern schwebt und sich mit den äußeren Flachpilastern verbindet. Die beiden mittleren Pilaster schließen wiederum den Giebel an. Etwas später wird man gewahr, dass die Fassade unter dem Kranzgesims viergliedrig ist, weil der Turm bündig mit dem Kirchenschiff abschließt. Aber über dem Kranzgesims liegt der Turm wieder hinter dem Giebel. Von weitem erscheint die Kirche mit Turm als Einheit, von der Nähe kann man eine dreigliedrige Fassade mit Volutengiebel und danebenstehenden Turm sehen, unter dem Gesims eine viergliedrige Fassade, über dem Gesims einen Giebel mit zweigeschossigem Turm. Am 21. Mai 1726 wurde der Grundstein in Anwesenheit Dominikus Zimmermanns gelegt »mit 13 fl. 20 kr. discretion«, d. h. er bekam dafür 13 Gulden und 20 Kreuzer.

» Die Besucher betreten die Kirche vom Kirchplatz und spüren nicht, dass sie hoch über dem Illertal liegt. Vom Tal aus sieht man eine Kirche, die wie eine Wallfahrtskirche auf Fernwirkung angelegt ist. «

Petrus, die schöne Madonna und die hl. Barbara — Im Innern der Buxheimer Pfarrkirche probiert Dominikus Zimmermann alles aus, was er in Steinhausen, Günzburg weitertreibt und in der Wieskirche zur Vollendung bringt. Obwohl die Kirche nur aus einem rechteckigen Langhaus und einem schlankeren Chor mit runder Apsis besteht, experimentiert er hier mit seiner Vorstellung der Lichtführung. Bis zum Kranzgesims erhält die Kirche eine ganz feine und glatte Oberfläche aus Kalkweiß, die ein Wechselspiel von Glanz und Licht bietet. Die Fensterpaare aus Rundbogenfenster und oberen Ohrenfenster verstärken das Licht nach der Höhe, bis die unmittelbare Helligkeit der Oberfenster in das Gewölbe strahlt und die Inszenierung mit dem Stuck auf gelbem Grund und den rosafarbenen Fresken eröffnet. Für den Punkt am Eingang sind die Fenster durch die Pfeilervorlagen im Kirchenraum kaum zu sehen, hinter dem Chorbogeneinzug ist die Lichtquelle völlig unsichtbar, wenn das Sonnenlicht über den Hochaltar streift.

» Im Innern der Buxheimer Pfarrkirche probiert Dominikus Zimmermann alles aus, was er in Steinhausen, Günzburg weitertreibt und in der Wieskirche zur Vollendung bringt. «

Die drei Stuckaltäre stammen von Gabriel Weiß d. J., sie sind aus marmoriertem Holz. Auf beiden Seiten des Altarbildes des Hochaltars stehen drei Säulen auf hohen Sockeln. Das Bild stellt die Schlüsselübergabe an Petrus dar, über dem Altarbild halten zwei Engel die Kartusche mit dem Bild des heiligen Bruno. Zu beiden Seiten des Altars stehen zwei Figuren von Anton Sturm, links der heilige Josef und rechts Johannes der Täufer. Die beiden Seitenaltäre vor dem Chorbogeneinzug sind identisch. In der Nische mit Baldachin stehen auf der linken Seite Maria mit dem Kind und auf der rechten Seite die heilige Barbara, ebenfalls eine Arbeit von Anton Sturm. Die linke Seite, auf der die Frauen sitzen, hat Maria mit dem Kind vor sich, die rechte Seite, auf der die Männer sitzen, hat die heilige Barbara, nach der Legende »eine Frau von Schönheit und scharfem Verstand«. Anton Sturm stellt sie den Männern als eine elegante, schöne, erotische Frau mit silbernem körperbetonten Kleid, goldenem Korsett und goldenem Umhang dar.

Schräg im Chor — Der steile Blick nach oben über den Hochaltar in das Chorgewölbe trifft auf ein Kreismedaillon mit dem Fresko des Kemptener Hofmalers Franz Georg Hermann. Das Fresko zeigt Maria und Josef und das Jesuskind mit der Anbetung der Hirten. Über der Szene schweben kleine Engel. Der Bildrand wird von einer dunklen Wolke durchbrochen, die ein erwachsener Engel zurückzuhalten versucht, während die drei Putten völlig unbedarft aus der Wolke auf die Szene nach unten starren. Der Freskenrahmen des Medaillons wird über die Zierrahmen der Kartuschen und der Stichkappenzwickel der Oberlichtfenster bandartig mit dem Kranzgesims der Architektur verbunden. Auf dem gelb getünchten Gewölbe des Chorraums ist erstmals ein verfeinerter Stuck als flaches Bandelwerk zu sehen: in den Kartuschen gerastertes Gitterwerk, in den Feldern dazwischen locker hingeworfene Girlanden, Zweige, Blütengehänge und Palmwedel. Das Kranzgesims läuft hinter dem Altar vorbei, wird durch das Rundbogenfenster und dem darüber liegenden Ohrenfenster unterbrochen. Dominikus Zimmermann lässt diesen Bruch nicht so stehen, sondern führt auf beiden Seiten der Fenster eine Verbindung in Form von Bögen ein, die an beiden Enden in Voluten auslaufen.

> »Die Plastik stammt aus einer Augsburger Werkstatt aus der Zeit um 1420. Sie gehört der Stilrichtung des weichen Stils an. Madonnendarstellungen in dieser Weise werden auch ›schöne Madonnen‹ genannt.«

Die schöne Madonna — Auf der linken Seite, der Frauenseite, steht in einer Nische unter einem Baldachin Maria mit dem Kind. Sie wird durch einen goldenen Brokatvorhang und den schwarzblauen goldgeäderten Stuckmarmorsäulen gerahmt. Diese Plastik, eine handbemalte Tonfigur, stammt aus einer Augsburger Werkstatt aus der Zeit um 1420. Sie gehört der Stilrichtung des weichen Stils an. Madonnendarstellungen in dieser Weise werden auch »schöne Madonnen« genannt. Die »schönen Madonnen« werden meist stehend gezeigt und wenden sich dem Kind zu. Auffallend ist eine gelöste Beweglichkeit und die innige Beziehung zwischen Mutter und Kind und der zarte, verträumte, nach innen gekehrte Ausdruck. Kopftuch und Kleid fließen in mehreren Lagen, in weichem Faltenwurf über den Körper der zierlichen Frauengestalt, ungewöhnlich ist der Krauskopf des Jesuskindes. In den Figuren von Maria mit dem Kind und der heiligen Barbara ist sehr schön erlebbar, wie sich der Blick der Künstler innerhalb von 200 Jahren zwischen Spätgotik und Rokoko geändert hat.

Pfarrkirche St. Ulrich
Umbau. Erhöhung der Langhauswände durch dreigeteilte Fenster. Architektur, Stuck zusammen mit Nikolaus Schütz.
1756/57
Eresing Landkreis Landsberg am Lech, Oberbayern

Ein »kolossales« Wandrelief — Die Seitenaltäre gehen auf in einem Feuerwerk aus Rocaillen, Kurven und Schwüngen. Von oben gesehen ist die Komposition noch dichter und dramatischer, unwillkürlich denkt man an die Metallskulpturen aus Autoteilen von John Chamberlain (1927–2011).

Die Seitenaltäre entstanden zwischen 1763 und 1766 in der Werkstatt des Johann Weigl aus Windach. Die Altarblätter malte Franz Seraph Kirzinger aus München. Der rechte Seitenaltar zeigt den heiligen Sebastian als Pestpatron, begleitet von Holzskulpturen des Landsberger Meisters Johann Chrysostomus Leuthner.

Flammenspiel — In Eresing hat man 1756 »angefangen dies Pfarrgotteshaus zu pauen und mit neuen Fenstern und Tachstuehl zu versehen.« Der Umbau und die Renovierung der Kirche war Dominikus Zimmermanns letzte Arbeit, er war damals 71 Jahre alt. Das Langhaus wurde in einer Zimmermannschen Lösung erhöht: Er setzte über die Rundbogenfenster der Kirche ein durchlaufendes Fensterband aus dreiteiligen Halbkreisfenstern, die das obere Drittel der Wand völlig auflösen. Im Innenraum, der einem fürstlichen Festsaal gleicht, findet man sämtliche Spielarten der Rocaille.

»Der Umbau und die Renovierung der Kirche war Zimmermanns letzte Arbeit, er war damals 71 Jahre alt.«

Das Wort Rocaille leitet sich aus den beiden französischen Wörtern ›roc‹-, ›Fels‹ und ›coquille‹-, Muschel‹ ab. Die asymmetrischen S- und C-förmig geschwungenen Rocaillen ranken und züngeln wie erstarrte Wellen oder zerklüftete Felskämme über Wände und Decken. Aus Frankreich wurden die Ornamentstichvorlagen nach Deutschland importiert, das Zentrum der Stiche war Augsburg. In der Verfeinerung und eleganten Linienführung der Rocailleschnörkel wetteiferten die

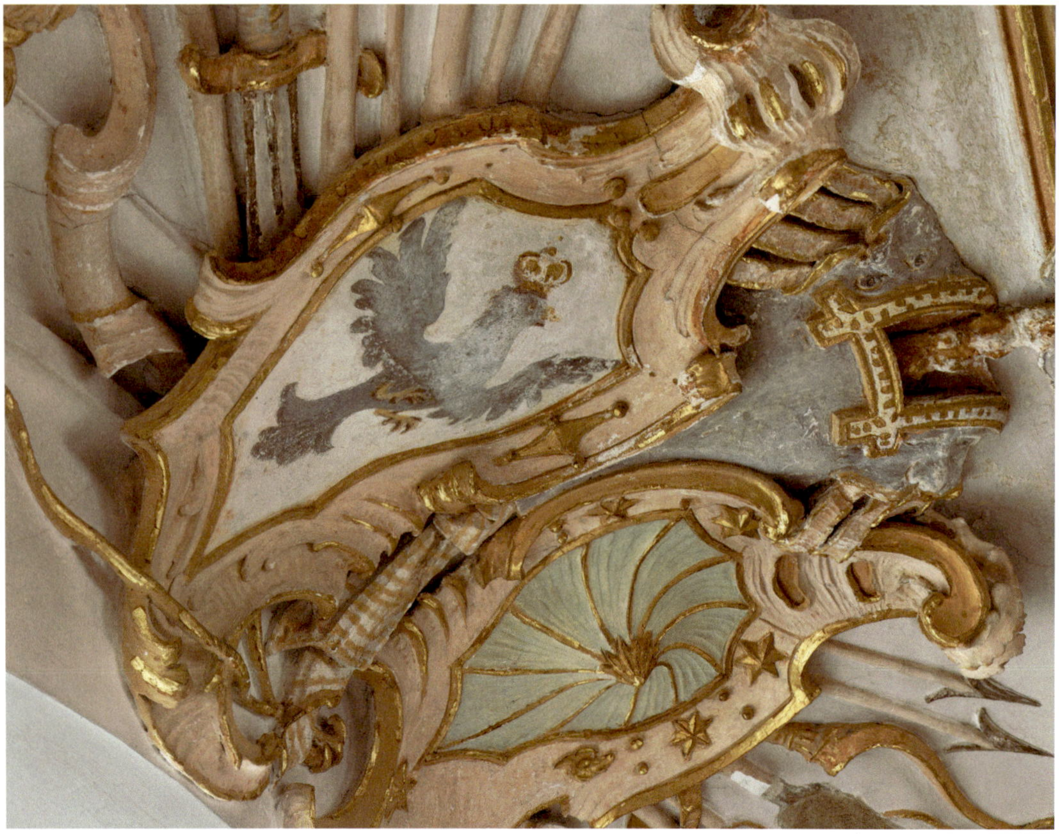

Augsburger Kupferstecher, sie entwickelten endlos Rokokoformen. Als Vorlagen für Schreiner, Schnitzer, Dekorationsmaler und Stukkatoren überschwemmten sie den Markt. Die züngelnden und kringelnden Schnörkel haben das Wort der Kritiker von dem »schlechten Augsburger Geschmack« mit ihrem »Grillen- und Muschelwerk« geprägt. Der »Augsburger Geschmack« wurde in ganz Europa als Synonym für das deutsche Rokoko verwendet, aber in Süddeutschland führte dies zu der einzigartigen, organischen, beschwingten Architektur des Rokoko.

Frauenkirche (Zu Unserer Lieben Frau)
Neubau. Architektur und Stuck. 1736–1741
Günzburg Schwaben

» Der ganze Fassadenaufbau ist flach gehalten, tritt wenig erhaben vor. Mit keiner Silbe verrät Zimmermann, was sich im Innenraum der Kirche abspielt. «

Unsere Liebe Frau. Der Stolz der Frauen — Plötzlich steht in der dichten Oberstadtbebauung die Langhausfassade der Frauenkirche da. Vor der Fassade befindet sich ein einfacher Kiesplatz mit einer hochgewachsenen Platane. Rosa Sockel, Pilaster, Kapitelle, ein Gesims mit Kropfkante, darüber ein niedriges Attikageschoss und ein mehrfach gestuftes Dachgesims, dazu die feine ornamentale Rahmung der Fenster. Der ganze Fassadenaufbau ist flach gehalten, tritt wenig erhaben vor. Die Mitte der Fassade wird durch eine risalitähnliche Ausbuchtung und eine Dreierfenstergruppe betont: als Unterfenster geschweifte Rundbogenfenster, als Oberfenster Tropfenfenster; die anderen Felder der Außenwand ebenfalls mit geschweiften Rundbogenfenstern, darüber Rundfenster in der gleichen Sprache. Die Fassade atmet Würde und Stolz, ohne sich damit zu brüsten; spricht von Selbstsicherheit, ohne deswegen arrogant zu wirken, von Ruhe ohne Trägheit, von leiser Zurückhaltung, es ist die Bürgerkirche der Stadt. Mit keiner Silbe verrät Dominikus Zimmermann, was sich im Innenraum der Kirche abspielt.

Die Pracht in der Mitte — Die gleiche Wand von Innen, was für ein Gegensatz! Die Mondscheibenverglasung, die von außen schwarz erscheint, wirft diffuses Licht in den Kirchenraum. Sie geht rahmenlos in den Putz, so dass das Licht ungehindert an den Laibungen reflektiert wird. Ursprünglich sah Dominikus Zimmermann für Günzburg Freipfeiler wie in Steinhausen vor. Geld- und Platzmangel verhinderten dies. Da er die Pfeiler nicht als Lichtreflektoren nutzen konnte, marmorierte er sie bordeauxrot und schob sie als Doppelsäulen an die Wand, aber so, dass aus einem rechteckigen Langhaus ein ovaler Innenraum wurde.

Die korinthisierenden bunt bemalten Kapitelle wachsen aus den Säulen hervor und entwickeln sich zu einem weit hervorschwingenden Gebälk. Diese Dynamik der Formen verändert den realen Raum in einen irrealen Raum, der sich mit logischer Vernunft nicht fassen lässt.

» Da er die Pfeiler nicht als Lichtreflektoren nutzen konnte, marmorierte er sie bordeauxrot und schob sie als Doppelsäulen an die Wand, aber so, dass aus einem rechteckigen Langhaus ein ovaler Innenraum wurde. «

Die Wand als Palimpsest — In der Rokokoarchitektur ist die Wand, was für die Literatur das Papier ist oder für das Kino die Leinwand. Das Palimpsest bezeichnet ein wiederbeschriebenes oder überschriebenes Papier, dessen ursprünglicher Text weitgehend entfernt wurde. Heute wird der Begriff im übertragenen Sinn verwendet, dass ein Text, ein Bild, ein Film mehrschichtig und vielgestaltig verstanden werden kann. Im Rokoko wird die Welt an eine Wand geworfen. In den Fresken wird Tiefe vorgetäuscht, im Stuck eine Scheinarchitektur dargestellt – in der Architektur wird alles verschleiert, was zu einfachen Klarheiten führen würde. Die Räume des Rokoko sind über und über mit Bildern und Schmuck aus Fresken, Rocaillen, Kartuschen, Bandelwerk überschrieben. Der Raum selbst wird zum Theater, er zeigt dem Zuschauer Dinge, die ihn begeistern, die ihn aus seinem persönlichen Leben soweit hinausführen, dass er es sogar vergisst. Seit dem Barock und Rokoko befindet sich der Mensch im Kino. Es ist das erste vollkommen moderne Zeitalter.

Filialkirche St. Johannes am Vorderanger (Johanniskirche)
Neubau. Architektur, Stuck, Hochaltar, Wand- und Kuppelfresko. 1740–1754
Landsberg am Lech Oberbayern

» Im Abendlicht erscheint die Johanniskirche in Rosé getaucht wie ein Glas Chiaretto. Alle Konturen, die tagsüber im Sonnenlicht mit scharfen Schattenlinien gezeichnet sind, fließen jetzt weich und zart ineinander. «

Johanniskirche im Rosé der Nacht — Im Abendlicht erscheint die Johanniskirche in Rosé getaucht wie ein Glas Chiaretto. Alle Konturen, die tagsüber im Sonnenlicht mit scharfen Schattenlinien gezeichnet sind, fließen jetzt weich und zart ineinander. Die Kirche steht zwar in der Flucht der Bürgerhäuser, spricht jedoch eine völlig andere Sprache. Dominikus Zimmermann präsentiert im Außenraum der Stadt den Innenraum einer Rokokokirche. Die Schrägstellung der leicht gekehlten Pilaster zu beiden Seiten des Portals erinnert an Altarnischen von Seitenaltären, über dem Portal zwei beschützende Schwingen, darüber die Wiederholung durch das verkröpfte Gesims und darüber in noch größerem Maßstab das Dachgesims, im Rundbogen des Portals ein zweiter Rundbogen aus zwei Doppelvoluten und im darüber liegenden Rundbogenfenster eine Rundung aus fünf Doppelvoluten.

Weiß
SEILEREI DASCHNER

Klassik gemixt mit Popart — Der Kirchenraum verblüfft wegen seines purifizierten Rokoko, er ist von einer fast klassizistischen Coolness. Acht reinweiß gekalkte Säulen stehen mit leichtem Abstand vor den Wänden, die in Benediktbeurer Grün gestrichen sind. Auf den Korinthischen Kapitellen der Säulen sitzt ein kantig weit vortretendes Gebälk, dazwischen ein das Deckengemälde scharf trennendes Gesims. Das Fehlen der üblichen Stuckierung gibt dem ganzen Raum eine sehr vornehme Atmosphäre. Das rechteckige Langhaus wird im Innern zu einem Oval mit angefügten halbrunden Nischen umgemodelt. Der Chor wird als Kreis angefügt. Der Blick erfasst Hochaltar und Seitenaltäre, die in den westlichen Nischen stehen, gleichermaßen.

Alle drei Altäre haben sich von der strengen Tektonik früherer Altarbauten gelöst. Zwar gibt es noch ein Antependium, eine Mensa, eine Predella und das Altarbild, aber alles schwingt, schweift und schwebt. Die Seitenaltäre schwingen und kurven sich über C-Bögen nach außen und innen. Wo früher Sockel, Stuckmarmorsäulen, Kapitelle und Gesimse waren, schwänzeln kokett Rocaillen hoch und verbinden sich mit der Herzgloriole, die über und über mit Putten und goldenen Strahlen besetzt ist. Der Antragsstuck der beiden Altäre ist völlig weiß gehalten, über das Weiß fließen goldene Linien und Verzierungen bis zum goldenen Strahlenkranz.

»Alles schwingt, schweift und schwebt. Die Seitenaltäre schwingen und kurven sich nach außen und innen. Wo früher Sockel, Säulen und Gesimse waren, schwänzeln kokett Rocaillen hoch und verbinden sich mit der über und über mit Putti und goldenen Strahlen besetzten Herzgloriole.«

Zwei Säulen des Langhauses geben den Durchblick auf den Hochaltar frei, der in einem eigenen Altarhaus steht. Dieser Altar ist der absolute Höhepunkt der Kirche und steht in scharfem Kontrast zur Strenge des Langhauses. Ein dreigliedriger Portikus aus nixenartigen Pfeilern, wie Fischschwänze von Wasserfrauen, rollt sich von den Schaumkronen und der Gischt der Predella in die Höhe zu einem Feuerwerk aus Blumen, Blüten, Blättern, C-Bögen, Rocaillen und Blumengirlanden, und überall schwingen Putten hoch bis zur Gloriole mit der Taube als Symbol des Heiligen Geistes. Die Figurengruppe in der Mitte des Hochaltars stellt die Taufe Christi durch Johannes d. T. im Jordan dar: »Und alsbald, als er aus dem Wasser stieg, sah er, dass sich der Himmel auftat und der Geist wie eine Taube herabkam auf ihn.« (Markusevangelium, Kapitel 1, Vers 9) . Durch die Öffnungen des Altarportikus erscheint im Hintergrund eine Flusslandschaft mit Palmen und exotischen Bäumen. Malerei und Plastik gehen ineinander über. Die ganze Szene wird indirekt durch die verdeckt liegenden Westfenster des Altarhauses beleuchtet, besonders effektvoll im Gegenlicht der untergehenden Sonne. Diese Altäre, obwohl sie biblische Themen darstellen, sind so modern wie die Collagen oder Assemblagen der Pop Art.

Schloss- und Wallfahrtskirche »Maria von der Versöhnung«
Neubau. Architektur, Stuck und Fresken. 1739–1742
Pöring Landkreis Landsberg am Lech, Oberbayern

Schlosskirche Pöring »Maria Versöhnung« — Der Bischof von Augsburg wollte dem Neubau der Wallfahrtskapelle nur zustimmen, wenn sie nicht durch das Schloss, sondern frei von außen betreten werden kann. Zunächst sollte der Landsberger Maurermeister Leonhard Möhringer den Auftrag bekommen. Er zog sich jedoch aus Altersgründen zurück, sodass Dominikus Zimmermann den Zuschlag erhielt. Während er die Frauenkirche in Günzburg ausführte, arbeitete er auch an den Plänen für die Schlosskirche Pöring. 1739 fand die Grundsteinlegung statt. Die Bauausführung ging jedoch nur schleppend voran, erst drei Jahre nach Baubeginn stand der Rohbau, da das Geld fehlte. Erst 1755 konnte das Gotteshaus geweiht werden; die Fertigstellung des Hochaltars verzögerte sich gar bis 1769.

Dreipass und Quadrat — Die Schlosskirche Pöring wird als Dreikonchen- oder Dreiapsidenkirche beschrieben. Die Kirche ist aber viel raffinierter: Der Chor zeigt im Grundriss einen ungleichen Dreipass, der mit einem Langhaus organisch verschmolzen wird. Pöring ist eigentlich eine Mischung aus Zentralbau und Längsbau. Die Flachkuppeln der drei kreisförmigen Altarräume schwingen wie Baldachine in das Spiegelgewölbe des Hauptraums ein. Dort werden sie von Mauerbögen aufgenommen und in einer eleganten Wellenlinie von den Kapitellen der frei vor der Wand stehenden Säulen aufgefangen. Das alles gibt dem kleinen Kirchenraum eine erstaunliche Leichtigkeit, Harmonie und »Bella Figura«. Die weißen Wände und die feine zurückhaltende Stuckierung unterstreichen dazu noch seine Vornehmheit.

Kurventechnik — Die »Delicatesse« geschwungener Linien und sanft ondulierter Oberflächen faszinieren die meisten Menschen. Die Freude bei der Wahrnehmung geschwungener Formen beruht wohl darauf, dass der Gesichtssinn als Stellvertreter des Tastsinns fungiert. Das Sehen ist mit dem Wunsch nach Berührung verbunden. Während das Auge an der konvexen Gestalt entlang wandert, tastet es sie gewissermaßen ab. Es gibt also eine Verbindung zwischen Sehen und Fühlen, und es scheint, dass wir uns angesichts weicher, gerundeter, geschmeidiger Formen entspannen, während wir kantigen, eckigen Objekten eher kühl gegenüber stehen. Die Linie, die das Konvexe und Konkave zeichnet, genießt der Betrachter, wie wenn er der Schönheit eines Frauenhalses oder der kalligrafische Eleganz einer schönen Schrift mit den Händen entlang fährt. Während man der Spur mit den Augen nachgeht, streicht man über die Oberflächen und fährt nicht nur Umrisse ab, sondern man erfasst auch das Körpervolumen. In der Schönheit der Wellenlinie fällt zudem die Schönheit des Funktionalen mit der des Ornamentalen auf natürliche Weise zusammen.

» Die Linie genießt der Betrachter, wie wenn er der Schönheit eines Frauenhalses oder der kalligrafische Eleganz einer schönen Schrift mit den Händen entlang fährt. «

Wallfahrtskirche Unserer Lieben Frau und Pfarrkirche St. Peter und Paul
Neubau. Architektur und Stuck. Fresken von Johann Baptist Zimmermann. 1727–1731
Steinhausen (Bad Schussenried), Landkreis Biberach, Baden-Württemberg

Alles zur Ehre Gottes — Nach dem Dreißigjährigen Krieg wird die Wallfahrt zur »Muttergottes auf der Saul« durch die Rosenkranzbruderschaft und durch die Prämonstratenseräbte von Schussenried gefördert. Im Spanischen Erbfolgekrieg verwüsten französische und bayerische Truppen Steinhausen. Abt Tiberius Mangold, der am liebsten eine neue Kirche errichtet hätte, lässt die damalige Kapelle 1703 wiederherstellen. 1727 lernt sein Nachfolger Abt Didacus Ströbele Dominikus Zimmermann kennen und sie werden sich schnell einig. In sein Tagebuch schreibt Ströbele: »Den 30. März ist H. Dominicus Zimerman von Landsperg gebürthig, ser gueter baumeister, von Siessen zuerukh anhero kommen, hat mir ein fein Rissel gebracht wegen zuekünftigen neuen Kirchen zue Steinhausen so mir Gott das Leben lasset.« Vom Konvent werden 9.000 Gulden für den Bau bewilligt. Bei der Grundsteinlegung 1728 liegt der Kostenvoranschlag von Dominikus Zimmermann bei 12.000 Gulden. Bis zur Einweihung kostet die Wallfahrtskirche 43.271 Gulden und 6½ Kreuzer. Dazu schreibt der Cellerar von Schussenried, Pater Vinzenz Rodenbach, der für die Wirtschaftsführung und für die Besitzverwaltung des Klosters zuständig ist, sarkastisch: »Da indessen aber dergleichen arbeither hierbey ihre beuttel anspickten, wurde das Gotteshaus der seinig umb so mehrerers gelärt undt giengen, wie man zue sagen pflegt, dem damahligen Closterhundt die haar zimblicher massen auss.« Also: Während die Handwerker und Arbeiter in Steinhausen ihre Geldbeutel füllen, wird derjenige des Klosters umso mehr geleert und es sind, wie man zu sagen pflegt, dem Klosterhund so ziemlich alle Haare ausgefallen.

»Vom Konvent werden 9.000 Gulden für den Bau bewilligt. Bei der Grundsteinlegung 1728 liegt der Kostenvoranschlag von Dominikus Zimmermann bei 12.000 Gulden. Bis zur Einweihung kostet die Wallfahrtskirche 43.271 Gulden und 6½ Kreuzer«

Am 8.12.1732 trifft der Generalvikar der Prämonstratenser, Abt Hermann Vogler, zu einer überraschenden Klostervisitation ein. Nach wochenlangen Verhören musste Didacus Ströbele wegen »Charakterschwäche« und Nachsicht gegenüber dem Konvent abdanken und wurde strafversetzt. In den Ordensannalen heißt es dazu:

»Da er sich mit seinem persönlichen Charakter als nicht geeignet genug erwies und bei anderen ein allzu lockeres Leben zuließ, wurde er gezwungen, am 15. Januar 1733 sein Prälatenamt aufzugeben« und weiter »während des Abtes Anhänger je für sich im Kapitel gegen den Strafspruch protestierten, wurde Abt Didacus von den Visitatoren nach Marchtal gebracht, dann zwei Jahre lang nach Allerheiligen, ad poenitentiam seria agendam. Dann kam er in das lothringische Wadegas, wohin jährlich von Schussenried 500 Gulden zur Pension zu senden war. Dort lebte er fromm, exemplarisch und bußfertig bis an sein Lebensende im Jahr 1748.«

In sein Tagebuch schrieb Ströbele auf den Vorwurf der Geldverschwendung: »Alles zu Ehre Gottes und Beatae Virginis Mariae! Möchte aber jemand aus der Posterität (die solche größere Kirchenausgaben hin und wieder in meinem Diario und Abtei-Ausgabenbuch finden) werde sagen, ich hätte seit meiner Regierung das Geld per Monasteri besser können applizieren; allein Gott und seine liebste Mutter und andere Heiligen lassen nichts umsonst tun – es ist alles geschehen ad honorem Dei.«

In Wirklichkeit ist das Reichsstift so wohlhabend, dass es danach die Weingüter am Bodensee erheblich vergrößern kann, in Hagnau den Schussenrieder Hof baut und für große Summen Höfe bei Saulgau und Waldsee kauft. Der Grund für die Resignation ist dann auch nicht die Ökonomie sondern das zu weiche Herz des Bauabtes.

Architect et Stuckador Landsbergiensis — Der Wallfahrer tritt durch das Hauptportal unter der Orgelempore hindurch und steht gefangen im Kirchenraum, es ist taghell, er ist überwältigt. Von außen hat er ein Langhaus mit Querschiff gesehen, einen kreuzförmigen Grundriss erwartet. Der Blick geht nach vorn zum Hochaltar mit dem Gnadenbild, an den schlanken, kreuzförmigen Freipfeilern nach oben, er schweift ständig in diesem Zauberwerk aus Raum, Stuck und Fresko hin und her. Was ist gebaut, was stuckiert, was gemalt? Seit dem Barock und Rokoko befindet sich der Mensch im Kino. Die Welt wird an die Decke geworfen, die Tiefe illusioniert. Im Moment sieht er eine dreischiffige Kirche ohne Querschiff – Beim Weitergehen verwandelt sich alles. Nun erlebt er einen pfeilergesäumten Ovalraum in einem surrealistischen Traum.
Die Inschrift unter der Orgelempore kann beim Betreten der Kirche nicht gelesen werden, erst beim Verlassen der Kirche sieht man die goldenen Lettern: DOMINICUS ZIMMERMAN ARCHIT. E: STUCKADOR LANDSBERGENSIS.

> »Bei der Außenwand treffen die Ansprüche an den Innenraum mit den anders gearteten des Außenraums aufeinander. Diesen Widerspruch hat Dominikus Zimmermann in einer besonderen Weise gelöst: Er hat die Fassade gedoppelt.«

Die doppelte Fassade — Jede Wand definiert auf beiden Seiten einen Raum. Bei der Außenwand treffen die Ansprüche an den Innenraum mit den anders gearteten des Außenraums aufeinander. Diesen Widerspruch hat Dominikus Zimmermann in einer besonderen Weise gelöst. Er hat die Fassade gedoppelt: Die innere Schale der Fassade wird vom Innenraum, die äußere Schale vom Außenraum entworfen. Die Innenform – leerer Raum innen, entspricht nicht der Außenform, ist gleich Baukörper. Der Überraschungseffekt, der beim Betreten von Steinhausen oder der Wieskirche entsteht, erklärt sich aus dieser Spannung zwischen innen und außen. Bei einer Glasfassade geht diese Spannung völlig verloren. Voraussetzung ist also die »zwischen der inneren Negativform des Raumes und der äußeren Positivform des Körpers eingelagerte Zwischenzone, jener mit Konstruktionsgliedern und Hohlräumen angefüllte Bereich, der es erlaubte, das Innere und das Äußere unterschiedlich durchzuformen«, so der Kunsthistoriker Dieter Dolgner (Architektur des 19. Jahrhundert in Deutschland, Halle 1982.) In der modernen Architektur hat nur Le Corbusier mit der Kapelle Notre-Dame-du-Haut in Ronchamp etwas Ähnliches versucht. Von Puristen wurde er dafür geächtet. In gleicher Weise erging es den Wessobrunnern als der Klassizismus aufkam.

ÆDIFICATA
POST
VIRGINIS PARTUM

Die Körperfigur — Unser Körper ist dreidimensional, er empfindet räumlich, d. h. Architektur ist nicht abstrakt, sondern eine Kunst, in deren Mittelpunkt der menschliche Körper steht. Es gibt eine Beziehung zwischen der Erinnerung und dem Körper. Unser Verhältnis von oben und unten, innen und außen, vorne und hinten, zu Grenzen und Ecken im Raum ist tief mit unserem Gedächtnis verbunden. Als Kind ordnen wir die Welt von unserem Körper aus, sie öffnet sich vor uns und schließt sich hinter uns. Später, wenn wir aufrecht stehen können, kommt noch das hinzu, was unter uns liegt und was über uns zu sehen ist sowie links und rechts. Diese Erfahrung ist die erste Sprache, die wir gelernt haben und die auf einer Vielfalt sinnlicher und räumlicher Erlebnisse beruht, wie rau und glatt, warm und kalt, oben und unten, innen oder außen oder dazwischen, ausgestoßen oder geborgen zu sein. Wir können den Raum hören und riechen, und selbst das Sehen ist nur eine genauere Form des Berührens. Diese Sprache ist es, mit der wir dann in unserem Leben Architektur erleben und interpretieren.

Hortus conclusus — 1729 ist das Steingewölbe eingezogen und der Dachstuhl gedeckt. Schon jetzt ist die raffinierte Lichtführung Dominikus Zimmermanns zu sehen, die die Pfeiler und Fensterlaibungen als Reflektoren einsetzt. Abt Didacus Ströbele, der sogleich von dem »feinen Rissel« der Freipfeiler-Ovalkirche begeistert war, liefert auch das theologische Konzept für den Kirchenraum als »Hortus conclusus«, das Johann Baptist Zimmermann mit der Freskomalerei und Dominikus Zimmermann mit den Stuckarbeiten kongenial umsetzen – die Schöpfung des Innenraums als umschlossener Paradiesgarten. Das Kuppelfresco mit der Huldigung der damals bekannten vier Erdteile an Maria inszeniert Architektur, Stuckatur und Fresko zu einem Schauspiel, in dem Stuckatur, Fresko und Architektur fließend ineinander übergehen. Der Paradiesgarten des Freskos mit den Landschaftsszenen wird an den Wänden im dem Stuck plastisch in der Nahaufnahme nochmals dargestellt. Es gibt Früchtegehänge und Blütengirlanden, Blumenschmuck, Fliederdolden, in denen sich Falter, Schnecke, Kreuzspinne, Hirschkäfer, Fliege, Grashüpfer sowie Elster, Specht, Kuckuck, Wiedehopf oder Fuchs und Eichhörnchen tummeln. Steinhausen ist das einzigartige Zusammenspiel des Bauherrn Abt Didacus Ströbele als Verfasser des Konzeptes, gleichsam ein Vorläufer der Konzeptkunst, mit dem Architekten und Stuckateur Dominikus Zimmermann und dessen Bruder, dem Maler Johann Baptist Zimmermann.

»Abt Didacus Ströbele liefert das theologische Konzept für den Kirchenraum als ›Hortus conclusus‹ – die Schöpfung des Innenraums als umschlossener Paradiesgarten.«

Denn in Italien kennt man verschieden Arten: Die Lombarden stellen Blattwerk herrlich dar, indem sie in wilde Rebblätter verschlungen Efeu abbilden. Die Toskaner und Römer sind weitaus wählerischer, sie bilden die Blätter des Akanthus – auch Bärenklau genannt – mitsamt Ranken und Blumen ab und lassen sie auf verschiedenste Weise untereinander verschlingen. Solchem Blattwerk werden kleine Vögel und verschieden kleine Tiere kunstvoll hinzugefügt, daran erkennt man einen Künstler von gutem Geschmack. Ein Teil der Blumen gehört zu den wildwachsenden Pflanzen, wie etwa diejenigen, die man Löwenzahn nennt, andere sind zusammen mit phantasievollen Darstellungen von bedeutenden Künstlern zu sehen. Diejenigen, die davon nichts verstehen, nennen solche Darstellungen grottesche (Groteske). (Benvenuto Cellini, Mein Leben, Erstes Buch Kapitel 31)

Rathaus
Aufstockung des Rathauses und Neugestaltung der Rathausfassade, Stuckdecke im 2. Stock. 1719
Landsberg am Lech Oberbayern

Rokoko an der Außenwand — Ab 1700 wurde mit dem Neuen Rathaus begonnen. Weil das Geld ausging, lag es brach, bis es von 1719 bis 1721 von Dominikus Zimmermann aufgestockt und mit einer fein gegliederten, hoch aufragenden Giebelfront versehen wurde. »Herrn Dominico Zimerman Stuckador hat man wegen der vor dem Rhathaus gemachten Äusseren Vacada sambt 2 mahlig verrichteten Anwurff inhalt Bescheinigung pactierermassen bezalt, fl 275«. (Stadtarchiv Landsberg, Baugeldrechnung von 1720)

» Bei Sonnenuntergang strahlt das Rathaus im gleißenden Licht der Abendsonne wie eine Laterna magica auf den Platz. «

Wenn man sich den trichterförmigen Hauptplatz aus der Vogelperspektive ansieht, würde man sich das Rathaus als einen den Platz beherrschenden Bau auf der Nordseite vorstellen, wie es in Augsburg oder Siena der Fall ist. Das Landsberger Rathaus jedoch steht in einer Reihe mit den Bürgerhäusern im Westen des Platzes; einer Reihe, die in den Vorderanger weiterläuft. Aber vielleicht wird die ganze Situation klarer, wenn man den Hauptplatz bei Sonnenuntergang erlebt. Dann strahlt das Rathaus im gleißenden Licht der Abendsonne wie eine Laterna magica. Diese Lichtentfaltung wäre bei einem Bau auf der Nordseite des Platzes nicht möglich gewesen. Das ist wohl auch der Grund, weshalb Dominikus Zimmermann gegen alle Regeln der Baukunst die Fenster von unten nach oben höher erbaut hat, von Stockwerk zu Stockwerk stehen sie zueinander in feiner Proportion von 3 : 4 : 5. Das heißt das Rathaus steht nach dem klassischen Kanon auf dem Kopf. Und noch etwas fällt auf: Bei keiner seiner Kirchen verwendet Dominikus Zimmermann Stuckreliefs, Laub- und Bandelwerk und Putten auf der Außenseite. Er betrachtet den Hauptplatz als die gute Stube der Stadt.

Die Kuriosität dieser Fassade hat Dr. Sixtus Lampl wunderschön im Detail beschrieben:

»Den viergeschossigen Rathausbau dekorierte er in einer für ihn typischen wie exklusiven Weise. Zunächst ist zu beobachten, dass das wahrlich reiche Dekorationssystem keinen Sockel besitzt – sofern nicht gerade beim Blick von Süden das Marmorbassin des Marienbrunnens optisch als solcher so wirkt. Im Bereich des ersten Obergeschosses beginnt Dominikus mit Stuck, setzt unter die Fenster Kartuschen in Art von Balkontüchern und fügt zwischen den Fenstern Bandwerkgebilde ein, von denen sich ein Kontinuum-System nach oben über die ganze Fassade entwickelt: Auf den oberen Querstegen dieser Bandwerggebilde stehen Putti, welche als Atlanten die vorkragenden Gesimsplatten tragen. Auf diesen ruhen die Pilaster und die Gesimszone auf, darüber der Giebelaufsatz mit seinen zwei Geschossen und dem abschließenden Obelisken. Ein weiterer Zusammenhang wird an den Fensterachsen sichtbar: Die Relieffelder zwischen den Atlanten-Putti binden die Fenster des ersten und zweiten Obergeschosses zusammen, ebenso wie die Kaiserreliefs die Fenster des zweiten und dritten Obergeschosses. Diese Reliefs haben die Doppelfunktion einer Supraporte des jeweiligen darunter liegenden Fensters und einer Konsole des jeweils darüber liegenden Fensters. Der den Fenstern aufliegende Architrav schwingt über der äußeren und mittleren Fensterachse nach oben, genau wie beim Turm in Maria Medingen, in den beiden anderen Fensterachsen ist er durch einen gemeinsamen Keilstein mit den Fensterstürzen verbunden. Die Pilaster selbst treten in ihrer Mittelachse leicht bugförmig nach vorne, eine Bewegung, die bei den Atlanten-Putti beginnt und beim Kranzgesimse endet. Diese Kontinuums-Denkweise entspricht in der damaligen Musik dem Bass-Continuo-Stil, bei dem sich aus der einmal gegebenen Grundlage die neue Folge kontinuierlich aus der vorherigen ableitet. Dass aber solche Ableitung nicht einfältig wird, dafür sorgt Dominikus Lust am Unerwarteten, in der sich sein rokokohaftes Wesen offenbart: Wo man einen Sockel erwartet, am Erdgeschoß des Gebäudes, dort fehlt er; wo man keinen Sockel erwartet, nämlich im Giebelaufsatz, dort findet man umso mehr Sockelelemente und horizontale Linien. Oder: Wenn die Geschoßhöhen im normalen Bau nach oben hin abnahmen, etwa an den das Rathaus flankierenden Gebäuden, so nehmen sie in der Rathausfassade zu, und zwar nicht nur durch vorgegebene reale Höhe, sondern auch durch zusätzlich optische Überhöhung im Obergeschoß. Wer aber die gleiche Höhenstreckung auch im Giebel erwarten würde, sieht sich schon wieder getäuscht, weil diese umgekehrt abnimmt und das obere Geschoß ausgesprochen gedrungen erscheint. Oder: Das Thema eines weltliche Regiment dienenden Baues repräsentiert sich zwar erwartungsgemäß in weltlichen Herrschern des Römischen Reiches, gipfelt aber dann aber nicht in den üblichen vier (weltlichen) Kardinaltugenden, sondern in den drei göttlichen Tugenden, Hoffnung (rechts mit Anker), Liebe (links mit dem brennenden Herz) und Glaube (in Gestalt des Kreuzes, wobei das Kreuz auf drei Felsen zugleich das Wappen Landsbergs ist). Hoffnung und Liebe halten den Lorbeerkranz als Sinnbild der Befriedung über ihre Stadt.« (Sixtus Lampl, Dominikus Zimmermann wie ihn kaum jemand kennt. München 1987)

Werkverzeichnis Dominikus Zimmermann

um 1705
Niederschönefeld, Landkreis Donau-Ries, Schwaben
Katholische Pfarrkirche Maria Himmelfahrt (ehemalige Zisterzienserinnenabteikirche)
Stuckmarmoraltäre
Bernhards- und Reliquienaltar
Scagliola-Arbeiten

um 1705
Kempten (Allgäu), Schwaben
Katholische Pfarrkirche St. Lorenz (ehemalige Abteikirche)
Seitenaltäre
Benediktus- und Schutzengelaltar

ab 1707
Fischingen, Kanton Thurgau, Schweiz
Idda-Kapelle der Klosterkirche Fischingen
Stuckmarmoraltäre
Hochaltar und fünf Nebenaltäre
Scagliola-Arbeiten

1705/08
St. Alban (Aitrang), Landkreis Ostallgäu, Schwaben
Wallfahrtskirche St. Alban
Hochaltar

1709–1713
Buxheim, Landkreis Unterallgäu, Schwaben
Ehem. Kartausen-, jetzt Salesianer Klosterkirche Mariä Himmelfahrt
1709 Stuck und Stuckmarmoraltar in der Marienkapelle
1710/11 Kartauserkirche Stuckierung mit Johann Baptist Zimmermann, Fresken von Johann Baptist Zimmermann
Bibliothek Stuck und Fresken von Johann Baptist Zimmermann
1710/11 Sakristeialtar, Stuckierung der Sakristei mit Johann Baptist Zimmermann
1712/13 Zwei Stuckmarmoraltäre auf dem Lettner
1713 Kapitelsaal (1817 abgebrochen)

1712/13
Ottobeuren, Landkreis Unterallgäu, Schwaben
Museum der Abtei Ottobeuren
Stuckmarmoraltäre der Kartauserkirche Buxheim
Kreuz- und Marienaltar

1713
Volkratshofen (Memmingen), Schwaben
Evang.-Lutherische Kirche St. Stephan
Stuckmarmoraltar des Kapitelsaal der Reichskartause Buxheim

1712/13
Biberbach, Landkreis Augsburg, Schwaben
Kath. Pfarr- und Wallfahrtskirche St. Jakobus, St. Laurentius und Heiliges Kreuz
Vier Seitenaltäre, zwei am Chorbogen, zwei in den Querhauskapellen, Stuckmarmor und Scagliolabilder

1712/14
Füssen, Landkreis Ostallgäu, Schwaben
Ehem. Benediktinerabtei St. Mang
Stuckmarmorsäulen und Pilaster am Hochaltar, Stuckmarmorarbeiten am Alkoven und Feuerungskamin Scagliolabild über dem Kamin.

1713
Wemding, Landkreis Donau-Ries, Schwaben
Kath. Stadtpfarrkirche St. Emmeran
Seitenaltäre, Stuckmarmoraltäre und Scagliola-Einlagen in den Antependien

1713
Laub, Landkreis Donau-Ries, Schwaben
Kath. Pfarrkirche St. Margaretha
Stuckmarmorhochaltar

1715
Birkland-Aich, Landkreis Weilheim-Schongau, Oberbayern
Pfarrkirche St. Anna
Stuckmarmorhochaltar

1715
Weißensee, Füssen, Schwaben
Kath. Pfarrkirche St. Walburga
Stuckmarmorhochaltar

1716
Bad Waldsee, Landkreis Ravensburg, Baden-Württemberg
Kath. Pfarrkirche St. Peter, ehemalige Stiftskirche der Augustiner-Chorherren
Stuckmarmorhochaltar, Scagliola-Einlagen im Antependium

1716–ca. 1724
Maria Medingen, Mödingen, Landkreis Dillingen, Schwaben
Franziskanerinnenkloster, ehem. Dominikanerinnenkloster
Neubau. Architektur und Stuck, Klosterkirche und Klostergebäude
Fresken von Johann Baptist Zimmermann

1718
Füssen, Landkreis-Ostallgäu, Schwaben
Kath. Krippkirche St. Nikolaus
Stuckmarmorhochaltar

1719
Landsberg am Lech, Oberbayern
Aufstockung des Rathauses und Neugestaltung der Rathausfassade, Stuckdecke im 2. Stock

1719
Rückholz, Landkreis Ostallgäu, Schwaben
Kath. Pfarrkirche St. Georg
Stuckmarmorhochaltar

1719
Neresheim, Ostalbkreis, Baden-Württemberg
Festsaal der Benediktinerabtei
Umbau, Stuckierung zusammen mit Johannes Baptist Zimmermann, Grisaillemalerei im Sockelbereich von Johannes Baptist Zimmermann

1720
Kösingen (Neresheim), Ostalbkreis, Baden-Württemberg
Kath. Pfarrkirche St. Sola
Drei-Konchen-Altar

1718/20
Obermedlingen, Landkreis Dillingen, Schwaben
Kath. Pfarrkirche Mariä Himmelfahrt, ehem. Dominikanerklosterkirche
Stuckaturen in der Klosterkirche (Chor)
Sakristeistuck von Johann Baptist Zimmermann

1721
Landsberg am Lech, Oberbayern
Stadtpfarrkirche Mariä Himmelfahrt
Marienaltar, Stuckmarmoraltar

1721
Würzburg, Unterfranken
Kath. Neumünsterkirche, ehem. Kollegiatsstiftkirche
Stuckmarmorausstattung der Apsis

1721–1723
Bad Wörishofen, Landkreis Unterallgäu, Schwaben
Dominikanerinnenkloster »Maria Königin der Engel«
Stuckierung der Kirche und der Klosteranlage
Fresken in der Kirche von Johann Baptist Zimmermann

1722
Siessen (Saulgau), Landkreis Sigmaringen, Baden-Württemberg
Stuck und Stuckmarmorarbeiten für das Sommerrefektorium (heute »Barocksaal« genannt)

1724
Baiershofen (Altenmünster), Landkreis Augsburg, Schwaben
Kath. Pfarrkirche St. Leonhard
Fresken und Kreuzwegbilder

1724/25
Schwäbisch Gmünd, Ostalbkreis, Baden-Württemberg
Kulturzentrum Prediger, ehem. Dominikanerkloster
Neubau. Architektur und Stuckierung der Kreuzgänge, Kapitelle im östlichen Stiegenhaus

1725/29
Siessen (Saulgau), Landkreis Sigmaringen, Baden-Württemberg
Kath. Kloster- und Pfarrkirche St. Markus, Ehem. Dominkanerinnenklosterkirche
Neubau. Architektur und Stuck
Fresken von Johann Baptist Zimmermann

1726–1728
Buxheim, Landkreis Unterallgäu, Schwaben
Kath. Pfarrkirche St. Peter und Paul
Neubau und Stuck

1725/30
Sölb (Raisting), Landkreis Weilheim-Schongau, Oberbayern
Filialkirche St. Margareta
Zwei Seitenaltarantependien, jetzt im Stadtmuseum Weilheim i.Obb.
Hochaltarantependium, jetzt im Bayerischen Nationalmuseum in München

1727–1731
Steinhausen (Bad Schussenried), Landkreis Biberach, Baden-Württemberg
Wallfahrtskirche Unserer Lieben Frau und Pfarrkirche St. Peter und Paul
Neubau. Architektur und Stuck
Fresken von Johann Baptist Zimmermann

1736–1741
Günzburg, Schwaben
Frauenkirche (Zu Unserer Lieben Frau)
Neubau. Architektur und Stuck

um 1730
Landsberg am Lech, Oberbayern
Fresko und Stuck in der ehemaligen Kapelle St. Leonhard (zur Zeit ein Blumenladen)

1738–1740
Buxheim, Landkreis Unterallgäu, Schwaben
Annakapelle am Kreuzgang der Reichskartause
Neubau. Architektur, Stuck und Ausstattung, Stuckaltar
Fresken und Altarbild Johann Baptist Zimmermann

1739–1742
Pöring, Landkreis Landsberg am Lech, Oberbayern
Schloss- und Wallfahrtskirche »Maria von der Versöhnung«
Neubau. Architektur, Stuck und Fresken

1740–1754
Landsberg am Lech, Oberbayern
Filialkirche St. Johannes am Vorderanger (Johanniskirche)
Neubau. Architektur, Stuck, Hochaltar, Wand- und Kuppelfresko

1745–1747
Wies bei Steingaden, Landkreis Weilheim-Schongau, Oberbayern
Wallfahrtspriesterhaus
Neubau. Architektur, Stuck mit Polier Nikolaus Schütz

1745–1754
Wies bei Steingaden, Landkreis Weilheim-Schongau, Oberbayern
Wallfahrtskirche »Zum gegeißelten Heiland«
Neubau. Architektur und Stuck, Chorfresko und Langhausfresko von Johann Baptist Zimmermann

1745/46
Ingenried, Landkreis Ostallgäu, Schwaben
Kath. Pfarrkirche St. Georg
Neubau. Architektur und Stuck
1878 Entbarockisierung

1748
Schongau, Landkreis Weilheim-Schongau, Oberbayern
Kath. Pfarrkirche Mariä Himmelfahrt
Chorgestaltung, Stuck und Chorfresko

1748
Schussenried, Landkreis Biberbach, Baden-Württemberg
Projekt Klostergebäude, nicht ausgeführt. Entwurf, Planungen und Holzmodell

1754
Wies bei Steingaden, Landkreis Weilheim-Schongau, Oberbayern
Wohnhaus Dominikus Zimmermann, jetzt Gasthof Schweiger
Neubau. Architektur.

1756/57
Eresing, Landkreis Landsberg am Lech, Oberbayern
Pfarrkirche St. Ulrich
Umbau. Erhöhung der Langhauswände durch dreigeteilte Fenster.
Architektur, Stuck zusammen mit Nikolaus Schütz

Mit freundlicher Unterstützung von:

Bayerisches Staatsministerium für Wissenschaft, Forschung und Kunst

Kultur Stiftung Oberbayern

bezirk oberbayern

Bayerische Architektenkammer

Landsberg am Lech

Sparkasse Landsberg-Dießen

:TSC Immobilien Consulting

Wessobrunner Kreis e.V.

Gestaltung
Kasper Zwaaneveld, Deutscher Kunstverlag
Druck und Bindung
DZA, Druckerei zu Altenburg GmbH

Bibliographische Information der Deutschen Nationalbibliothek: Die Deutsche Nationalbibliothek verzeichnet diese Publikation in der Deutschen Nationalbibliographie; detaillierte bibliographische Daten sind im Internet über http://dnb.dnb.de abrufbar.

Paul-Lincke-Ufer 34
D-10999 Berlin

www.deutscherkunstverlag.de
ISBN 978-3-422-07370-8